LA
JEUNE INDIENNE,
COMÉDIE.

LA
JEUNE INDIENNE,

COMÉDIE

EN UN ACTE ET EN VERS,

Repréfentée pour la premiere fois par les Comédiens
François Ordinaires du Roi, le 30 Avril
1764.

Par M. DE CHAMFORT.

Le Prix eft de vingt-quatre fols.

A PARIS,

Chez CAILLLEAU, Libraire, rue Saint Jacques,
à Saint André.

M. DCC. LXIV.
AVEC APPROBATION ET PRIVILEGE DU ROI.

LA
JEUNE INDIENNE,

COMÉDIE

EN UN ACTE ET EN VERS.

Les Exemplaires paraphés ainsi

sont les seuls avoués de l'Auteur.

PERSONNAGES.

BETTI.	Mlle. Doligni.
BELTON.	M. Molé.
MOWBRAI.	M. Préville.
MYLFORD.	M. Dubois.
Un NOTAIRE.	M. D'Auberval.
JOHN, Laquais.	

La Scène est à Charlestown, Colonie Angloise de l'Amérique Se₂tentrionale.

LA
JEUNE INDIENNE,
COMÉDIE.

SCENE PREMIERE.
BELTON, MYLFORD.
MYLFORD.

A CHARLESTOWN enfin vous voilà revenu :
L'ami que je pleurois à mes vœux eſt rendu.
Je vous vois : vous calmez ma juſte impatience.
Mais de ce morne accueil que faut-il que je penſe ?
J'arrive : au moment même, en entrant dans le Port
J'apprens votre retour ; j'accours avec tranſport.

A iij

Je m'attens au bonheur de répandre ma joie
Dans le sein d'un ami que le Ciel me renvoie ;
Je vous trouve abbatu, pénétré de douleur.
Daignez me rassurer ; ouvrez-moi votre cœur.
Tout semble vous promettre un destin plus tranquile.
De ces lieux à Boston le trajet est facile :
D'un pere avant trois jours vous comblerez les vœux....

BELTON.

Ah ! j'ai fait son malheur ! Comment puis-je être heureux ?
La jeunesse d'un fils est le vrai bien d'un pere.
Je regrette mes jours perdus dans la misere.
Ces jours si prodigués, dont un plus sage emploi
Pouvoit me rendre utile à ma famille, à moi.
Dès long-tems, cher Mylford, une fougueuse yvresse,
L'ardeur de voyager domina ma jeunesse.
J'abandonnai mon pere & le Ciel m'en punit.
Dans un orage affreux notre vaisseau périt.
Je fus porté mourant vers une Isle sauvage :
Un Vieillard & sa fille accourent au rivage.
J'allois périr, hélas ! sans eux, sans leur secours !
Quels soins, quels tendres soins ils prirent de mes jours !
Leur chasse me nourrît ; leur force, leur adresse,
Pourvut à mes besoins & soutint ma foiblesse.
Voilà donc les mortels parmi-nous avilis !
J'avois passé quatre ans dans ce triste pays,
Quand ce Vieillard mourût. L'ennui, l'inquiétude,
Mon Pere, mon état, ma longue solitude,

Cet espoir si flatteur d'être utile à mon tour
A celle dont les soins m'avoient sauvé le jour,
Tout me rendit alors ma retraite importune :
J'engageai ma compagne à tenter la fortune.
Vous sçavez tout. Après mille périls divers,
Nous fûmes à la fin, rencontrés sur les mers,
Par un de vos vaisseaux qui nous sauva la vie.
Mais quels chagrins encore il faudra que j'essuye !
Il faudra retourner vers un pere indigné
Contre un fils criminel & plus infortuné.
Soutiendrai-je ses yeux en cet état funeste ?
Irai-je de sa vie empoisonner le reste ?
Prodigue de ses biens & même de ses jours,
Puis-je encor justement prétendre à ses secours ?

MYLFORD.

L'Amour & l'Amitié vont d'une ardeur commune,
D'un amant, d'un ami réparer la fortune.

BELTON.

L'amour !....

MYLFORD.

Oubliez-vous qu'Arabelle autrefois
Fut promise à vos vœux ?.... Eh ! vous l'aimiez, je crois !

BELTON.

Personne sans l'aimer ne peut voir Arabelle :
Mais quand Mowbrai forma cette union si belle

Quand cet aimable objet à mes vœux fut promis,
De l'amour, je le sens, il n'étoit pas le prix.
Votre oncle affermissoit une amitié sincere
Qui joignoit ses destins aux destins de mon pere;
Mais croyez-vous encor qu'il voulût aujourd'hui,
Après cinq ans passés......

MYLFORD.

                Quoi ! vous doutez de lui ?
Vous ignorez pour vous jusqu'où va sa tendresse :
Vos malheurs vont hâter l'effet de sa promesse.
Les charmes d'Arabelle augmentent chaque jour;
Je lirai dans son cœur : il sera sans détour.
Pour vous, voyez mon oncle. Il est d'un caractere
Excellent, sans façon, d'une vertu sévere.
La Secte dont il est, tranche les complimens ;
Les Quakres, comme on sçait, ne sont pas fort galans.

BELTON.

Eh ! Depuis si long-tems vous croyez qu'Arabelle....;

MYLFORD.

Répondez-moi de vous ; je répons presque d'elle.

BELON.

Revenez au plutôt ; un cœur comme le mien
Doit, vous n'en doutez pas, goûter votre entretien.
Votre oncle m'est fort cher ; je l'aime : mais son âge
M'impose du respect & m'interdit l'usage

De ces épanchemens à l'amitié si doux ;
Mon cœur en a besoin & les garde pour vous.

SCENE II.
BELTON.

JE revois ce séjour ! je vis parmi les hommes ?
Quel sort vais je éprouver dans les lieux où nous sommes ?
Cet Hymen d'Arabelle autrefois projetté,
Devient, dans ma disgrace, une nécessité.
Généreuse Betti, tes soins & ton courage
Sauvent mes tristes jours, m'arrachent au naufrage.
Je saisis le bonheur au fond de tes déserts,
Et je trouve une Amante au bout de l'Univers !
Pourquoi donc te ravir à ce Climat sauvage ?
Etois-je malheureux ? Ton cœur fut mon partage.
O Ciel ! je possédois, dans ma félicité,
Ce cœur tendre & sublime avec simplicité.
Heureux & satisfaits du bonheur l'un de l'autre,
Dans un affreux séjour quel destin fut le nôtre !
Le Mépris n'y suit point la triste Pauvreté.
Le mépris ! ce Tyran de la société,
Cet horrible fléau, ce poids insupportable
Dont l'homme accable l'homme & charge son semblable.
Oui, Betti, je le sens, j'aurois bravé pour toi
Les maux que ton amour a supporté pour moi.

Mais je ne puis dompter l'horreur inconcevable...
Ma foiblesse à Betti semblera pardonnable,
Quand elle connoîtra nos usages, nos mœurs,
Mon déplorable état & nos communs malheurs.

SCENE III.

MOWBRAI, BELTON,

BELTON *lui fait une profonde révérence.*

MOWBRAI.

Laisse-là tes saluts, mon cher. Couvre ta tête.
Pour être un peu plus franc sois un peu moins honnête.
Je te l'ai déjà dit & le dis de nouveau.
Aimes-moi ; tu le dois : mais laisse ton chapeau.
Mon ami, tes erreurs & ta folle jeunesse,
De ton malheureux pere ont hâté la vieillesse.
Ce pere fut pour moi le meilleur des amis.
Je te retrouve enfin : je lui rendrai son fils.

BELTON.

Mais, Monsieur.....

MOWBRAI.

Heum, Monsieur ! c'est Mowbrai qu'on
me nomme.

BELTON.

Pensez-vous ?...

MOWBRAI.

Penses-tu ; je ne suis qu'un seul homme,
Et non deux. Souviens-t'en & parle au singulier.

BELTON.

Tu le veux : eh bien, soit. Je vais vous.... tutoyer.
Mon pere est indulgent ; mais ma trop longue absence
A peut-être depuis lassé sa patience.
Après tous les chagrins que j'ai pu lui donner,
Le penses-tu ? peut-il encor me pardonner ?

MOWBRAI.

Tu ne sçais ce que c'est que l'ame paternelle.
Dès qu'un enfant revient se ranger sous notre aîle,
On n'examine plus s'il est coupable ou non ;
Et l'aveu de l'erreur est l'instant du pardon.
Mais après ce qu'ici je consens à te dire,
Si désormais encore un imprudent délire
T'égaroit, t'éloignoit des routes du Devoir,
Si d'un pareil aveu tu t'osois prévaloir,
Je te mépriserois sans retour : mais je pense
Qu'après cinq ans entiers d'erreurs & d'imprudence,
Le fils infortuné d'un ami généreux
Puisqu'il s'adresse à moi veut être vertueux ;
Et pour me mettre en droit d'adoucir ta misere.....

(Ici Belton frémit.)

Ta misere !.... oui ; voyez un peu la belle affaire !

Regardez comme il est confus, humilié
Pour ce mot de misere…. O ciel! quelle pitié!
De ton Pere envers moi l'amitié peu commune,
Dernierement encore a sauvé ma fortune.
Je perdis deux vaisseaux presqu'au Port sous mes yeux:
On me crût sans ressource. Un créancier fougueux,
Afin de rassurer sa timide avarice,
Veut que je fixe un terme & que j'aille en Justice,
Par un serment coupable autant que solemnel,
Deshonorer pour lui le nom de l'Eternel.
A l'Etre Tout-Puissant faire une telle injure!
J'allois m'exécuter, la faillite étoit sûre,
Quand je reçus soudain ce billet. Lis.

BELTON *prend le billet & lit.*

» Monsieur;

MOWBRAI.

Ah! sans doute.

BELTON *continue.*

» Je viens d'apprendre le malheur
» Qui vous met hors d'état de pouvoir faire face
» A quelqu'arrangement. Je vous demande en grace
» D'accepter de ma part cinquante mille écus,
» Que j'ai fort à propos nouvellement reçus.
» Ignorez s'il vous plaît, l'auteur de ce service.
» Si la fortune un jour vous redevient propice,

» Je les reclamerai. Conservez ce billet :
» Il est votre quittance & je suis satisfait.

MOWBRAI *reprenant le billet.*

Ton Pere de ce trait, me parut seul capable.
C'est en effet à lui que j'en suis redevable....
Ne te voilà-t-il pas interdit, confondu !
Mon fils, ne sois jamais surpris de la vertu.
Te voici maintenant en état de comprendre,
Quel intérêt sensible à tous deux je dois prendre ?
Mais n'attends pas de moi des protestations,
Des élans d'amitié, des exclamations ;
Je suis tout uni, moi : sois donc de la famille :
Dès ce jour mon neveu te présente à ma fille.

BELTON.

Votre .... ta fille ! ....

MOWBRAI.

Eh ! oui. Tu sembles t'étonner ?
A ton aise, s'entend, ne vas pas te gêner.

BELTON.

Dès long-tems en faveur d'une amitié fidèle,
Ta bouche à mon amour promettoit Arabelle.
J'aspirois à ces nœuds & cet espoir flateur,
Précieux à mon Pere, étoit cher à mon cœur.
Mais je me rends justice & j'ai trop lieu de craindre
Que mes longues erreurs n'aient dû, peut-être, éteindre

Cet espoir dont jadis mon cœur s'étoit flatté.
Je sens que cet hymen entre nous concerté,
Seroit le seul moyen de me rendre à mon pere,
Et de m'offrir à lui digne encor de lui plaire.

MOWBRAI.

Vas ; mon cœur est encor ce qu'il fut autrefois.
Je chéris ton malheur, il ajoute à tes droits.
Oui, tant de maux soufferts, fruits de ton imprudence,
Doivent t'avoir donné vingt ans d'expérience.
Belton, il faut du sort mettre à profit les coups ;
Oublier ses malheurs, c'est le plus grand de tous.
Adieu.... Bon ! glisse donc le pied, la révérence ;

(à part.)

Il me fait enrager avec son élégance.
Depuis trois jours entiers que nous l'avons ici,
Il ne se forme pas : il est toujours poli !

(haut.)

La franchise, mon cher ; voilà la politesse.
Les bois t'en auroient dû donner de cette espece.

(Il veut sortir & revient sur ses pas)

A propos ; j'oubliois.... Quelle est donc cet enfant
Que toute ma famille entoure en l'admirant ?
En habit de sauvage, en longue chevelure,
Je viens de l'entrevoir. L'aimable Créature !

BELTON.

C'eſt elle dont les ſoins & les heureux travaux
Ont protégé mes jours , m'ont conduit ſur les eaux.
Elle étoit avec moi lorſque ton Capitaine,
Nous voyant lutter ſeuls contre une mort certaine,
Cingla ſoudain vers nous, & nous prit ſur ſon bord.

MOWBRAI.

Ah ! ce que tu m'en dis m'intéreſſe à ſon ſort.
Elle a des droits ſacrés ſur ta reconnoiſſance ;
Mais je te laiſſe. Adieu : la voici qui s'avance.

(*Il ſort.*)

BELTON *ſeul.*

Hélas! puis-je à mon cœur diſſimuler iamais
Qu'il n'eſt qu'un ſeul moyen de payer ſes bienfaits.

SCENE IV.
BETTI, BELTON.

BETTI.

AH! je te trouve enfin ? L'on m'affiége fans ceffe.
D'où vient qu'au tour de moi tout le monde s'empreffe ?
On me fait à la fois cinq ou fix queftions ;
J'écoùte de mon mieux ; à toutes je réponds :
On rit avec excès ! Que faut-il que j'en croie,
Belton ? Le rire ici marque toujours la joie ? ..;

BELTON.

Tu leur as fait plaifir . . . . .

BETTI.

Oh! bien, fi c'eft ainfi,
Tant mieux : mais toi, d'où vient ne ris-tu pas auffi ?
On te croiroit fàché.

BELTON.

J'ai bien raifon de l'être.

BETTI.

Quelle raifon, dis-moi ? Ne puis-je la connoître ?
Tu parois inquiet . . . . .

BELTON.

BELTON.

Je le fuis . . . Non pour moi.

BETTI.

Pour qui donc, mon ami?

BELTON.

Le dirai-je? Pour toi.

Je crains que dans ces lieux ton fort ne foit à plaindre.

BETTI.

Tu m'aimes, il fuffit : que puis-je avoir à craindre?

BELTON.

Non, il ne fuffit pas. Il faut, pour être heureux,
Quelque chofe de plus . . .

BETTI.

Que faut-il en ces lieux?

BELTON.

La richeffe.

BETTI.

A parler tu m'inftruifis fans ceffe :

Mais tu ne m'as pas dit ce qu'étoit la richeffe.

BELTON.

Eh! peut-on fe paffer . . . . .

BETTI.

Tu parles de l'amour.

On ne s'aime donc pas dans ce trifte féjour.

B

BELTON.

On s'aime : mais souvent l'amour laisse connoître
Des besoins plus pressans . . . . .

BETTI.

Eh ! quels peuvent-ils être ?

BELTON.

L'amour sans d'autres biens . . . . .

BETTI.

L'amour sans la gaieté
Ne peut guéres suffire à la félicité :
Mais dans votre pays, ainsi que dans le nôtre,
Ne peut-on à la fois conserver l'un & l'autre ?

BELTON.

Il faut pour bien joüir de l'un & l'autre don,
Être riche . . .

BETTI.

Eh ! dis-moi : suis-je riche ? Belton ?

BELTON.

Toi ? Non ; tu n'as pas d'or.

BETTI.

Quoi ! ce métal stérile
Que j'ai vu ! . . .

BELTON.

Justement.

BETTI.

Il te fut inutile :
Tu ne t'en fervis pas pendant plus de quatre ans,
Mais dans ce pays-ci tu connois bien des gens ;
Ils t'en donneront tous s'il t'eft fi néceffaire :
Ils ne voudront jamais laiffer fouffrir leur Frere,

BELTON.

Ecoute-moi, Betti: tu n'es plus dans tes bois.
Les Hommes en ces lieux font foumis à des Loix,
Le befoin les rapproche & les unit enfemble.
Les Mortels oppofés que l'intérêt raffemble
Voudroient ne voir admis, dans la fociété,
Que ceux dont les travaux en ont bien mérité,

BETTI.

Mais ... Cela me paroît tout-à-fait raifonnable.

BELTON *à part.*

Chaque inftant à mes yeux la rend plus eftimable.
     haut.
Betti ... La pauvreté ... m'infpire un jufte effroi.

BETTI.

La pauvreté ! ... Mais... c'eft manquer de tout, je croi ?

BELTON.

Oui.

B ij

BETTI.

J'en fauvai toujours & toi-même & mon Pere,
Quoi! nous pourrions ici manquer du néceffaire?

BELTON.

Non: mais il ne faut pas y borner tous nos foins.
Nous fommes affiégés de différens befoins.
Ils naiffent chaque jour: chaque inftant les ramene;
Et lorfque par hafard la Fortune inhumaine
Ne nous a pas donné.....

BETTI.

     Je ne te comprens pas...
Manquer d'un vêtement, d'un abri, d'un repas,
Voilà la pauvreté: je n'en connois point d'autre.

BELTON.

Voilà la tienne, hélas! connois quelle eft la nôtre?

BETTI.

Une autre pauvreté! vous en avez donc deux?
On doit en ce pays être bien malheureux!

BELTON.

C'eft peu de contenter les befoins de la vie:
Une prévention parmi nous établie
Fait ici, par malheur, une néceffité
Des chofes d'agrément & de commodité,
Dont tes yeux étonnés ont admiré l'ufage;
Et d'éternels befoins un funefte affemblage.....

BETTI.

Oh ! cette pauvreté... c'eſt votre faute auſſi.
Pourquoi donc inventer encore celle-ci ?
Chez-nous, grace à nos ſoins, la Terre inépuiſable
Etoit de tous nos biens la ſource intariſſable.
Belton, comment ont fait, & comment ſont encor
Tous ceux qui parmi vous poſſédent le plus d'or ?

BELTON.

L'un le tient du haſard, & tel autre d'un Pere.
Du crime trop ſouvent il devient le ſalaire :
Mais la Vertu par fois a produit.....

BETTI.

Que dis-tu ?

Avec de l'or ici vous payez la Vertu !

BELTON.

Contre le beſoin d'or l'infaillible reméde....¿

BETTI.

Eh ! bien !...

BELTON.

C'eſt de ſervir quiconque le poſſéde ;
De lui vendre ſon cœur, de ramper ſous ſes Loix.

BETTI.

Oh ! Cie ! j'aime bien mieux retourner dans nos bois;
Quoi ! quiconque a de l'or, oblige un autre à faire
Ce qu'il juge à propos, tout ce qui peut lui plaire ?

B iij

BELTON.

Souvent,

BETTI.

En laiffez-vous aux malhonnêtes gens ?

BELTON,

Plus qu'à d'autres.

BETTI,

De l'or dans les mains des méchans !
Mais vous n'y penfez point & cela n'eft pas fage :
N'en pourroient-ils pas faire un dangereux ufage?
Vous devez trembler tous, fi l'or peut tout ofer.
De vous & de vos jours, ils peuvent difpofer.
La flèche qui dans l'air cherchoit ta nourriture
Etoit entre mes mains, moins terrible & moins fûre.

BELTON.

Chacun fuivant fon cœur s'en fert différemment.
Des Vertus ou du Vice il devient l'inftrument.
Avec avidité celui-ci le refferre,
L'enfoüit en fecret & le rend à la terre...

BETTI.

Ah ! fuyons ces gens-là. Tu viens de me parler
D'un pays plus heureux où nous pouvons aller,
Ce pays où les gens veulent qu'on foit utile
A leur fociété. Si la terre eft ftérile ,

Ils en auront de trop : nous le demanderons,
Et comme elle est à tous, soudain nous l'obtiendrons.

BELTON.

Ils ne donneront rien. Les champs les plus fertiles
Ne suffisent qu'à peine aux Habitans des villes.

BETTI.

Tant pis ; car j'aurois bien travaillé.

BELTON.

Dans ces lieux
On épargne à ton Sexe un travail odieux.

BETTI.

C'est que vos femmes sont languissantes, débiles ;
J'en ai déjà vu deux tout-à-fait immobiles.
Mais pour moi le travail eut toujours des appas ;
Dans nos champs, dès l'enfance, il exerça mes bras.

BELTON.

Tu ne peux travailler au séjour où nous sommes :
L'usage le défend.

BETTI.

Le permet-il aux hommes?

BELTON.

Sans doute il le permet.

BETTI *avec joie.*

Belton, embrasse-moi

B iv

BELTON,

Quoi! donc?

BETTI.
Tu me rendras ce que j'ai fait pour toi.

BELTON.

Ah! c'est trop prolonger un supplice si rude,
Vois la cause & l'excès de mon inquiétude.
Va, Betti; j'ai déjà régretté ton pays :
Ici par ces travaux nous sommes avilis.
Vois à quel sort, hélas! nous devons nous attendre!
Des besoins renaissans l'horreur va nous surprendre,
Privés d'appui, de biens, abandonnés de tous,
L'œil affreux du Mépris s'attachera sur nous.
Nous n'oserons encor prendre ces soins utiles
Que l'amour ennoblit, qu'ici l'on croit serviles.
Il faudra dévorer, essuyer les dédains ;
Rebutés, condamnés à l'affront d'être plaints.
Tout aigrira nos maux jusqu'à notre tendresse.
Nous haïrons l'amour; nous craindrons la vieillesse;
En d'autres malheureux reproduits quelque jour,
Nos mains repousseront les fruits de notre amour.

BETTI.

Ciel!

SCENE V.

BETTI, BELTON, MYLFORD.

MYLFORD *à Belton.*

JE quitte Arabelle, & je vais vous inſtruire.....

BETTI *à Mylford.*

Aimes-tu Belton?

MYLFORD.

Oui.

BETTI.

Bon! il vient de me dire
Qu'il n'a point d'or...

BELTON *à Mylford.*

O Ciel! oſeriez-vous penſer!.....

MYLFORD.

Par un vain déſaveu craignez de m'offenſer.
Vous connoiſſez mon cœur, mes ſentimens, mon zéle;
Je ſçais l'heureux devoir d'un amitié fidelle;
Tout mon bien eſt à vous.

BELTON *bas à Betti.*

A quoi me réduis-tu

BETTI *à Belton.*

Mais il t'offre son or ; que ne le reçois-tu ?
     (*à Mylford.*)
Nous ne prendrons pas tout.

        BELTON *à Mylford.*

                    Souffrez que je l'instruise.

     (*à Betti.*)
Il se fait tort pour moi : son cœur le lui déguise.
Il m'offre tout son bien : je dois le refuser,
Ou de son amitié ce seroit abuser.
Cette offre où quelquefois un ami se résigne,
Quand on l'ose accepter, on en devient indigne.

            BETTI.

Quoi ! l'on rejette ici les dons de l'amitié ?

            BELTON.

Souvent qui les reçoit excite la pitié.

            BETTI.

Je ne vous entens point. Si chez vous la parole
Ne présente aucun sens, c'est donc un bruit frivole ?
Des cris dans nos forêts parleroient plus clairement,
Que ce langage vain que votre cœur dément.
Quoi ! tu veux que les dons puissent être une tache ?
Que sur qui les reçoit quelqu'opprobre s'attache ?
Que la main d'un ami ?..... Non, tu t'es abusé :
J'en suis sûre. Jamais je ne t'ai méprisé.

MYLFORD.

Belton, vous entendez la voix de la Nature.
Elle me venge, ami; vous m'aviez fait injure.
(*à Betti*)
Je voud~ois lui parler, Betti; retire-toi.

BETTI.

Pourquoi donc? Ne peux-tu lui parler devant moi?
Est-il quelque secret que l'on doive me taire?
(*à Belton qu'elle regarde tendrement.*)
Quand je t'en confiois, éloignois-je mon pere?
Tu le veux!.....

BELTON *lui fait un signe de tête.*

BETTI.

Allons donc!

{ *Betti en fortant foupire & regarde plusieurs fois*
{ *Belton.*

SCENE VI.

BELTON, MYLFORD.

MYLFORD.

ENFIN tout eſt conclu.
Je ſuis ſûr d'Arabelle, & ſon cœur m'eſt connu.
Sa réponſe pour vous eſt des plus ſavorables,
» Ces nœuds, a-t'elle dit, me ſemblent déſirables.
» Mon cœur depuis ſix ans à Belton ſut promis.
» Mes yeux ont vu Belton, & ce cœur s'eſt ſoumis.
» Je déplorois ſa mort, le Ciel nous le renvoie
» Mon Pere a commandé, j'obéis avec joie.
Mais de cet air chagrin que dois-je enfin penſer?
L'amitié doit ſçavoir...

BELTON.

Ah! c'eſt trop l'offenſer.
Connoiſſez mon état. La jeune Infortunée,
Compagne de mes maux, en ces lieux amenée...
L'Homme eſt fait pour aimer. J'ai poſſédé ſon cœur:
Dans un Climat barbare elle a fait mon bonheur.
Non, je ne puis trahir ſa tendreſſe fidelle.
Elle a tout fait pour moi.

MYLFORD.

Vous ferez tout pour elle,
Il m'eft doux de trouver mon ami généreux ;
Mais mon premier défir eft de vous voir heureux.
De l'hymen d'Arabelle obfervez l'avantage ;
Obfervez que déja vous touchez à cet âge,
Où pour un état fûr, votre choix arrêté
Doit vous donner un rang dans la fociété.
Pour vous par cet hymen la fortune eft fixée ;
Et de tous vos malheurs la trace eft effacée.

BELTON.

Je le fens : vos raifons pénétrent mon efprit.
Sans peine il les admet ; mais mon cœur les détruit.
Qui moi ? Trahir Betti ! La rendre malheureufe !
Je n'en puis foutenir l'image douloureufe.
Hélas ! fi vous fçaviez tout ce que je lui dois !
Mais qui peut le fçavoir ? . . . C'eft elle ; je la vois,
Le remords à fes yeux m'agite & me dévore.

SCENE VII.

BETTI, BELTON, MYLFORD.

BETTI à *Belton.*

AS-TU quelque secret à me cacher encore ?
Hélas ! oui : .... Loin de moi tu détournes les yeux.
Ah ! je veux t'arracher ce secret odieux.
Mais qui vient nous troubler ?

MYLFORD à *Belton.*

C'est mon oncle lui-même.

BETTI.

Quel pays ! On n'y peut joüir de ce qu'on aime.

MYLFORD.

Adieu : décidez-vous ; vous n'avez qu'un instant.
Songez à votre état, au prix qui vous attend,
A cinq ans de malheurs, à vous, à votre pere,
Et prenez un parti que je crois nécessaire.

BETTI à *Belton en lui montrant Mowbrai.*

Ne faut-il pas sortir encor pour celui-là ?
Moi, j'aime ce vieillard ; je reste.

SCENE VIII.
BETTI, BELTON, MOWBRAI.

MOWBRAI.

Te voilà!
Je te cherchois. J'apporte une heureuse nouvelle,
J'ai pour toi la promesse & l'aveu d'Arabelle.
Le contrat est tout prêt.

BELTON.

Une telle faveur....
Autant qu'il est en vous.... peut faire mon bonheur.

BETTI *à Mowbrai avec ingénuité*

Bien obligé.....

MOWBRAI.

Betti, tu serviras ma fille ;
Et je te veux toujours garder dans ma famille.

BETTI.

Oh! pour moi je ne veux servir que mon ami.

MOWBRAI *à Belton.*

Combien tu dois l'aimer ! Je me sens attendri :
En formant ces doux nœuds, l'amitié paternelle
Croit assurer aussi le bonheur d'Arabelle ;

Et par l'égalité cet hymen assorti
A ma fille.

BETTI.

Belton, que parle-t-il ici
De sa fille, & qu'importe ? . . . .

MOWBRAI *à Belton.*

Eh! daigne lui répondre.

BELTON *à part.*

Dieux! quel affreux moment! que je me sens confondre!

MOWBRAI.

Son amitié mérite un meilleur traitement ;
Et tu dois avec elle en user autrement.
Eh! quand elle sçauroit qu'un prochain hymenée
De ma fille à ton sort joindra la destinée ;
Elle prend part assez . . . .

BETTI

Bon vieillard, que dis-tu ?

MOWBRAI *à Belton.*

Mais d'où vient donc cet air inquiet, éperdu ?

(*à Betti.*)

Dès aujourd'hui ma fille . . . .

BELTON *à part.*

Il va lui percer l'ame.

MOWBRAI.

MOWBRAI.

Par des nœuds éternels va devenir sa femme.

BETTI *à Belton.*

Sa femme ! votre fille !.,.. Eſt-il bien vrai, cruel !
Aurois-tu bien formé ce projet criminel ?
Quoi ! tu pourrois trahir l'Amante la plus tendre !
O malheur ! ô forfait ! que je ne puis comprendre !....
Mais je ne te crains plus : tu m'as dit mille fois
Qu'ici contre le crime on a recours aux Loix ;
J'oſe les implorer : tu m'y forces, perfide.
Reſpectable Vieillard, sois mon juge & mon guide ;
Que ta voix avec moi les implore aujourd'hui.

MOWBRAI.

(*à part.*)   (*à Betti.*)

Qu'allois-je faire ? O Ciel !... Je ſerai ton appui.
Mais mon enfant ; ces Loix que ton amour réclame,
Envain....

BETTI.

Quoi ! par vos Loix il peut trahir ma flâme !
Il pourroit oublier.... Dieu ! quels affreux Climats !
Dans quel pays, ô Ciel ! as-tu conduit mes pas ?
Arrache-moi des lieux, témoins de mon injure,
Qui d'un Amant chéri ſont un Amant parjure ;

C

Exécrable féjour, afyle du malheur,
Où l'on a des befoins autres que ceux du cœur ;
Où les bienfaits trahis, où l'amour qu'on outrage....
De la fidélité quel eſt ici le gage ?....
Quel appui ....

MOWBRAI.

Des témoins fûrs garans de l'honneur....

BETTI *vivement.*

Oh ! jen ai....

MOWBRAI.

Quels font-ils ?

BETTI.

Moi, le Ciel, & fon cœur.

MOWBRAI.

Si par une promeſſe auguſte & folemnelle ....

BETTI.

Il m'a promis cent fois l'amour le plus fidèle.

MOWBRAI.

A-t-il par un écrit ?

BETTI.

O Ciel ! Qu'ai-je entendu ?

Quoi! tu peux demander un écrit ? l'oses-tu ?
Un écrit! Oui, j'en ai ... Les horreurs du naufrage,
Mes soins dans un Climat que tu nommas Sauvage,
Les dangers que pour toi j'ai mille fois courus ;
Voilà mes titres. Viens, puisqu'ils sont méconnus,
Dans le fond des forêts, Barbare, viens les lire ?
Partout à chaque pas l'amour sçut les écrire,
Du sommet des Rochers, dans nos antres déserts,
Sur le bord du rivage & sur le bord des mers.
Il me doit tout. C'est peu d'avoir sauvé ta vie
Qu'un tigre ou que la faim t'auroit cent fois ravie.
Mes travaux, mes périls t'ont sauvé chaque jour.
Entre mon Pere & lui partageant mon amour.....
Mon Pere !... Ah ! je l'entends à son heure derniere,
Du moment où nos mains lui fermoient la paupiere,
Nous dire ; Mes enfans, aimez-vous à jamais..
Je t'entends lui répondre : Oui, je te le promets.

Se tournant vers le Quakre.

Tu t'attendris....

BELTON *à part.*

O Ciel ! quel homme impitoyable

Pourroit...

MOWBRAI.

De la trahir serois-tu bien capable ?

C ij

BETTI à *Belton.*

Que ne me laiſſois-tu dans le fond des forêts ?
J'y pourrois ſans témoins gémir de tes forfaits.
Dans mon obſcur réduit, dans ma grotte profonde,
Sçavois-je s'il étoit des malheureux au monde ?
Ah ! combien je le ſens, quand tu ne m'aimes plus !
Eh bien ! puiſqu'à jamais nos liens ſont rompus....
Tires-moi de ces lieux. Qu'au moins dans ma miſere
Mes pleurs puiſſent couler ſur le tombeau d'un Pere.
Toi, Cruel, vis ici parmi des malheureux ;
Ils te reſſemblent tous, s'ils te ſouffrent chez eux.

BELTON ſe tournant tendrement.

Betti !......

BETTI.

Tu m'as donné ce nom que je déteſte ,
Ce nom qui me rappelle un ſouvenir funeſte,
Ce nom qui fait hélas ! mon malheur aujourd'hui :
Jadis il me fut cher ; il me venoit de lui.
A ce nom qu'il aimoit, autrefois ſa tendreſſe
Daignoit joindre le ſien, les prononçoit ſans ceſſe ;
Se faiſoit un bonheur de les unir tous deux.
Prononcés par ma bouche, ils réclamoient ſes feux :
Son affreux changement pour jamais les ſépare.

MOWBRAI à part.

Mon cœur eſt oppreſſé !....

(*à B. lton.*)

Quoi ! tu pourrois Barbare....

BELTON.

Je le suis en effet pour avoir résisté
A cet amour si tendre & trop peu mérité.
Ah ! crois-en les sermens de mon ame attendrie !

(*à Betti.*)

L'indigence & les maux où j'exposois ta vie
Seuls à t'abandonner pouvoient forcer mon cœur ;
Même en te trahissant, je voulois ton bonheur.
Dût cent fois dans tes bras la misere & l'outrage
M'accabler, m'écraser, je bénis mon partage !
Je brave ces besoins qui pouvoient m'allarmer ;
Je n'en connois plus qu'un : c'est celui de t'aimer.
Je te perdois ! O Ciel ! Que j'allois être à plaindre.

Il se jette à ses pieds.

Voudras-tu pardonner.....

BETTI.

Ah ! tu n'as rien à craindre,
Cruel ! tu le sçais trop : ce cœur qui t'est connu
Peut-il....

BELTON.

Chere Betti, quel cœur j'aurois perdu !

(*ils s'embrassent.*)

C iv

MOWBRAI.

O spectacle touchant ! Tendresse aimable & pure !
L'amour porte à mon sein le cri de la Nature,
Livrez-vous sans réserve à des transports si doux ;
Je les sens & mon cœur les partage avec vous.

(à *Belton*.)   (à *Betti*.)

Tu fus vil un instant :.... Et toi, que tu m'es chere !

    (*il va vers la Coulisse.*)

John , John.

SCENE IX.

BETTI, MOWBRAI, BELTON, JOHN.

MOWBRAI.

Ecoute

JOHN.

Quoi !

MOWBRAI.

Fais venir le Notaire;

(*John sort.*)

Belton, rends grace au Ciel de t'avoir reservé
Ce cœur si généreux, par toi-même éprouvé;
Et que ton ame un jour puisse égaler la sienne.

BETTI.

Egale, cher Belton, ta tendresse à la mienne.
Existant dans ton cœur, riche de ton amour,
Le mien peut être heureux, même dans ce séjour.

(*à Mowbrai.*)

Cesse de l'accabler par un cruel reproche :
Il m'aime . . . . .

MOWBRAI.

Quelqu'un vient : c'est le Notaire.

SCENE X.

BETTI, BELTON, MOWBRAI, LE NOTAIRE.

MOWBRAI.

APproche.

LE NOTAIRE.

Serviteur.

MOWBRAI.

Assieds-toi... C'est pour ces deux Epoux.

BETTI à *Belton*.

Quel est cet homme-là ; ...

BELTON.

Cet homme vient pour nous.

LE NOTAIRE *à Mowbrai.*

Tu te trompes, je crois, je ne viens pas pour elle ;
Et j'ai sur ce contrat mis le nom d'Arabelle.

MOWBRAI.

Efface-moi ce nom ; mets celui de Betti.

LE NOTAIRE

Betti ! . . . . .

MOWBRAI.

Vite, dépêche . . .

LE NOATIRE.

Allons ; soit . . . J'ai fini,

BELTON.

Signons.

LE NOTAIRE.

C'est bien dit , mais avant la signature
Il faudroit mettre au moins la dot de la Future.

MOWBRAI.

Allons, mets : ses vertus.

LE NOTAIRE *laisse tomber sa plume.*

Bon ! tu railles je crois.

MOWBRAI.

Ses vertus..

LE NOTAIRE.

Allons donc ; tu te mocques de moi.
Qui jamais auroit vu ? . . .

MOWBRAI *avec impatience.*

Mets ses vertus, te dis-je?

LE NOTAIRE.

Tout de bon ! par ma foi, ceci tient du prodige !
N'ajoute-t-on plus rien ?

MOWBRAI.

Est-il rien au dessus ? . . . . .
Ajoute, si tu veux ; cinquante mille écus.

LE NOTAIRE.

Cinquante mille écus si tu veux ! L'accessoire
Vaut bien le principal, autant que je puis croire.

BELTON *à Betti.*

Il nous comble de biens ! Ah ! courrons dans ses bras...

BETTI.

Ah ! Surtout, bon Vieillard, ne nous méprise pas.

MOWBRAI.

Que dit-elle ? ...

BETTI.

Ah ! je fçais que chez vous on méprife
Quiconque en recevant des dons .....

MOWBRAI.

Autre fottife !

Où prend-elle cela ? Seroit-ce toi, Belton,
Qui peut la prévenir de cette illufion ?
De rougir des bienfaits ton ame a la foibleffe ?
Puifqu'avec le malheur tu confonds la baffeffe,
Je dois te raffûrer. Je ne te donne rien.
La fomme eft à ton Pere & je te rends ton bien ;

LE NOTAIRE *à Belton*.

Signez.

BELTON *figne*.

LE NOTAIRE (*à Betti*.)

A vous .....

BETTI.

Qui ? moi ! je ne fçais point écrire ;

BELTON.

Donnez-moi votre main, l'amour va la conduire.

BETTI.

Et le cœur & la main, Belton tout eft à toi,

BELTON.

Votre cœur en aimant, ne le céde qu'à moi.

BETTI.

Eh! bien! c'est donc fini? Que cela veut-il dire?

BELTON.

Qu'au bonheur de tous deux vous venez de souscrire;
Vous m'assûrez l'objet qui m'avoit sçu charmer.

BETTI.

Quoi! sans cet homme noir je n'aurois pu t'aimer?

(*au Notaire.*)

Donne-moi cet écrit.

LE NOTAIRE.

                    Il n'est pas nécessaire.
Cet écrit doit toujours rester chez le Notaire.
D'ailleurs que feriez-vous de.....

BETTI.

                    Ce que j'en ferois!
S'il cessoit de m'aimer, je le lui montrerois.

LE NOTAIRE.

Peste! le beau secret qu'a trouvé là, Madame!

BELTON.

En doutant de mes feux vous affligez mon ame.

MOWBRAI.

Par les nœuds les plus Saints je viens de vous unir.
Ton Pere l'auroit fait ; j'ai dû le prévenir.
Il approuvera tout :

   (*en montrant Betti.*)

       Et voilà notre excufe.
Inftruifons mon ami que fa douleur abufe.
Lui-même en t'embraffant voudra tout oublier :
Confoler fes vieux jours, c'eft te juftifier.

FIN.

APPROBATION.

J'ai lu par l'ordre de Monfeigneur le Vice-Chancelier,
une Comédie intitulée *La Jeune Indienne*, en un Acte &
en Vers : & je n'y ai rien trouvé qui puiffe en empêcher
l'impreffion. A Paris ce 10 Mai 1764.

       MARIN.

Le Lecteur est prié de lire cet ERRATA exigé par l'Auteur.

Page 7. vers 20. forma, *lisez* formoit.
Page 9. vers 3. les hommes, *lisez* des hommes!
Page 13. vers 7. te voici, *lisez* te voila.
Page 16. vers 4. J'écoute de mon mieux ; à toutes je réponds.
Lisez, J'écoute ; de mon mieux à toutes je réponds.
Page 19. vers 8. Les mortels, *lisez* Ces mortels.
Page 22. dernier vers. si la terre est stérile ; *lisez* si la terre est fertile.
Page 24. vers 12. essuyer les dédains, *lisez* mandier les dédains.
Page 26. vers 12. parleroient, *lisez* parloient.
Page 35. vers 8. Du sommet, *lisez* Au sommet.
Page 35. vers 9. & sur le bord des mers, *lisez* & sur le sein des mers.
Page 35. vers 15. Du moment, *lisez* Au moment.
Page 36. vers 18. ils réclamoient, *lisez* ils rallumoient.
Page 38. vers 2. à mon sein, *lisez* en mon sein.